# VENTE

Après décès

DE

# M. LEGEMBLE

Doyen des Antiquaires de Paris

SALLE N° 10

Le Mardi 19 Mai 1903

PARIS, IMPRIMERIE MÉNARD ET CHAUFOUR
C. CHAUFOUR, Successeur
8-10, Rue Milton

# CATALOGUE

DE LA

# VENTE APRÈS DÉCÈS

DE

# M. LEGEMBLE

Doyen des Antiquaires de Paris

---

# MEUBLES

SIÈGES

BRONZES — PORCELAINES

OBJETS DE VITRINE

TABLEAUX — GRAVURES

**HOTEL DROUOT, SALLE N° 10**

**Le Mardi 19 Mai 1903, à 2 heures**

| Me Henri OUDART | M. VANNES |
| --- | --- |
| COMMISSAIRE-PRISEUR | EXPERT |
| *21, rue des Pyramides, 21* | *54, Faubourg-Montmartre, 54* |

**EXPOSITION PUBLIQUE**

**Le Lundi 18 Mai 1903, de 2 heures à 5 h. 1/2**

## *CONDITIONS DE LA VENTE*

Elle sera faite expressément au comptant.

Les acquéreurs paieront dix pour cent en sus des enchères.

L'exposition permettant au public de se rendre compte de la nature et de l'état des objets, il ne sera admis aucune réclamation une fois l'adjudication prononcée.

Paris. — Imp. C. Chaufour, 8-10, rue Milton.

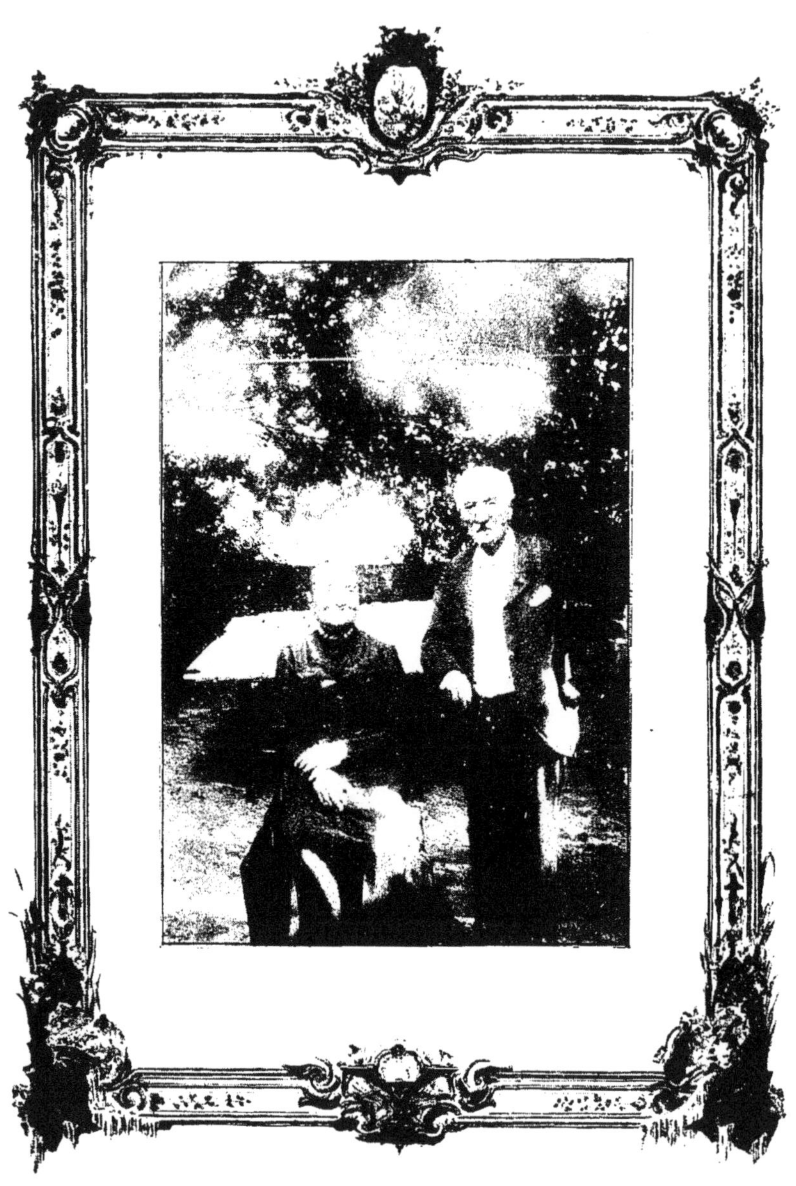

M. ET M^me^ LEGEMBLE

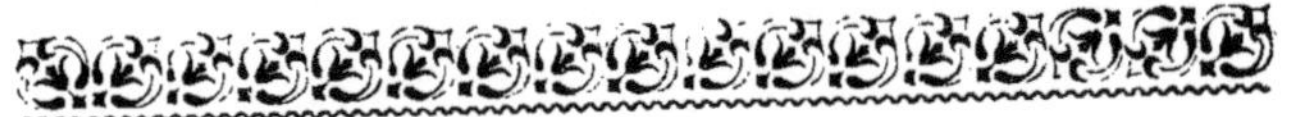

# AUGUSTE LEGEMBLE

## DOYEN DES ANTIQUAIRES DE PARIS

## 1818-1903

JE *n'ai pas la prétention de présenter aux lecteurs de ce catalogue celui que d'un commun accord tout le monde qualifiait à très juste titre de* Doyen de la Curiosité *; je n'entends pas davantage faire sa biographie, puisqu'il la fit si bien lui-même en quelques articles intitulés :* Mes Souvenirs, *parus en février 1902 dans le* Journal des Arts *et dans un style d'une saveur si particulière, qu'ils peignent admirablement leur auteur.*

*J'en veux seulement extraire ces quelques lignes ou plutôt ce conseil, que lui adressait son père, lorsque suivant en cela les lois naturelles de la vie, il voulut quitter le toit pater-*

*nel, pour former à son tour le nid dans lequel il devait vivre heureux une longue suite d'années.*

*Son père lui dit : « Conduis-toi bien, sois un honnête homme c'est tout ce que je te demande. » Legemble ajoute : « Je crois n'avoir jamais manqué au conseil que mon père me donnait en nous séparant. »*

*Tout l'homme aimable que nous regrettons est dans ce commentaire charmant, car tous ceux qui l'ont connu, et ils sont nombreux, pourraient attester qu'il vécut dans la plus scrupuleuse loyauté, beaucoup pourraient ajouter que Legemble et sa douce et fidèle compagne étaient la bonté même et que tous deux peuvent dormir le dernier sommeil dans le repos de leur belle conscience.*

*C'est surtout pour perpétuer le souvenir de ces deux âmes simples et bonnes, que nous avons cru nécessaire et légitime de fixer leurs traits par l'image, afin que plus tard, beaucoup plus tard, lorsque quelque Bonaffé de la curiosité entreprendra l'iconographie des arts et des antiquaires au dix-neuvième siècle, il puisse retrouver les traits et le gracieux souvenir de ces* Philémon *et* Baucis *modernes, à qui l'amour fit sa bonne risette pendant soixante deux ans, à qui la fortune intelligente pour une fois sourit toujours sans se détourner d'eux un instant et qui enfin surent en faire un emploi digne de leur caractère simple et bon.*

*La curiosité qui maintenant s'organise en une corporation sérieuse et d'avenir, n'a pas été oubliée par Legemble, il avait été l'un des précurseurs de cette organisation, à l'heure des transformations et des espoirs futurs ; il s'en est souvenu avant de s'éteindre, il a voulu marquer par un exemple digne d'être suivi et qui le sera sûrement, qu'il ne voulait pas, même disparu, rester étranger au mouvement irrésistible qui pousse les hommes à se solidariser pour créer un avenir meilleur.*

*A ce titre au moins M. et Mme Legemble méritaient ces quelques lignes de bon souvenir, trop faible témoignage de leurs vertus.*

J. CHARMAND.

# DÉSIGNATION

## MEUBLES

1 — Commode du temps de Louis XV, à deux tiroirs, en bois de violette et laque de Chine décorée de sujets chinois, paysages, oiseaux et fleurs dorés sur fond noir, les tiroirs sont à deux poignées en volutes et entrées de serrure, la face du meuble est sertie d'un encadrement de rinceaux en bronze doré, un motif en tablier termine le meuble. Les pieds encadrés de bronze, sont garnis de chutes, de rinceaux et de sabots; les cotés en retrait sont également ornés de panneaux en

laque de Chine avec encadrements de bronze ciselé et doré.

Le marbre chantourné est à doucine.

2 — Commode du temps de Louis XV, à trois rangs de tiroirs, en bois de rose et de violette, à médaillon central en marqueterie des bois des îles représentant une entrée de ville, les coins sont ornés de chûtes prolongées de sabots, les cotés en retraits sont aussi à médaillons de marqueterie, représentant des vases.

3 — Bureau de dame du temps de Louis XVI plaqué en bois des Iles, le corps de forme rectangulaire à pans coupés, est à deux tiroirs séparés par un intérieur de cabinet à deux portes avec une tablette à écrire, les côtés sont plaqués et à filets, les entrées de serrure et les poignées sont en bronze doré, le marbre en brèche Sainte-Anne est à gorge.

Ce meuble repose sur quatre pieds finement arqués.

4 — Grande bibliothèque à deux vantaux vitrés, d'époque Louis XV à coins ronds en bois de rose et de violette avec ornements en bronze doré.

5 — Secrétaire à abattant avec tiroir en haut et deux portes en bas, coins à pans coupés, dessus de marbre Sainte-Anne, à gorge. Fin Louis XVI.

6 — Bibliothèque à une porte vitrée en acajou moucheté, intérieur à trois tablettes.

7 — Console rectangulaire Louis XVI en bois sculpté et doré, sur pieds cannelés, dessus de marbre.

8 — Table tric-trac, fin Louis XVI en acajou et filets de citronnier, le plateau forme damier.]

9 — Petite table à ouvrage d'époque Louis XV, en bois de violette, à tiroir sur le côté.

10 — Meuble d'entre-deux, d'époque Louis XV, de forme chantournée, à coins ronds et évidés, à deux vantaux, plaqué sur la face et les côtés en marqueterie à damiers, dessus de marbre porphyre à doucine et à gorge.

11 — Bureau bonheur du jour en bois de citronnier, le corps du haut à fronton est à deux vantaux garnis de glaces en médaillons ovales, le bureau est à doucine coulissée. Epoque de la Restauration.

12 — Meuble crédence sculpté, à deux corps; celui du haut est à deux vantaux sculptés de cariatides de femmes entourées de rinceaux feuillagés et de fruits ; les coins sont sculptés de masques et de chûtes de fruits, l'entablement est orné de trois têtes d'anges posés sur une bande formant fresque. Les tiroirs sont à têtes de lions et sculptés de rinceaux. Le corps du bas est à deux tiroirs sculptés de têtes de lions, deux vantaux sculptés de masca-

rons ; l'embase est moulurée et les côtés de ce meuble sont sculptés. Travail Lyonnais de la Renaissance.

13 — Chiffonnier d'époque Louis XVI en acajou, à pans coupés et cannelés à sept rangs de tiroirs, garniture en bronze doré et dessus en marbre blanc.

14 — Armoire Louis XVI à deux vantaux en acajou, à coins ronds et cannelés, encadrements de perles, chûtes et sabots en bronze doré, dessus de marbre blanc.

## SIÈGES

15 — Meuble de salon d'époque Louis XVI en bois laqué blanc à filets vert d'eau, composé de deux fauteuils et six chaises à dossiers carrés et colonnettes cannelées, les accotoirs des fauteuils sont sculptés d'acanthes et de perles. Ce meuble est couvert en velours.

16 — Canapé-gondole d'époque Louis XV en bois sculpté, à coussin, couvert en velours ciselé à fleurs et imbrications.

17 — Fauteuil de bureau d'époque Louis XVI en noyer, accotoirs et pieds cannelés, couvert en maroquin vert.

18 — Petit fauteuil coin de feu en bois très finement sculpté rechampi blanc et vert d'eau, à parties dorées, couvert en soie brochée.

Joli modèle de l'époque Louis XV.

19 — Fauteuil fin Louis XVI sculpté de rais de cœur, cordes à puits, feuilles d'acanthe aux accotoirs, en bois naturel à parties dorées.

20 — Fauteuil Louis XIV sculpté à coquilles, en bois laqué noir, parties dorées, le dossier est foncé de canne.

21 — Bergère d'époque Louis XV à dossier rond, en bois rechampi blanc, couverte en ratine verte à rayures.

22 — Panneau en tapisserie des Gobelins tissée d'argent, représentant Esther en larmes, debout devant une table chargée de bijoux, collier de perles, bagues et cassolettes. Cadre bois sculpté et doré d'époque Louis XIV.

23 — Dossier de fauteuil en tapisserie d'Aubusson, jeune garçon tuant un coq, encadrement de draperies et de fleurs.

24 — Bandeau en tapisserie des Flandres d'époque Louis XIV à mascaron.

25 — Bande de tapisserie au point.

## BRONZES

26 — Pendule Louis XVI en bronze doré et patiné, le cadran à draperies est surmonté d'un aigle aux ailes déployées, porte sur deux femmes-sphynx ailées posées sur embase de marbre blanc, le

socle en marbre noir est à plate-bande en bronze ciselé d'une sarabande de petits amours.

27 — Paire de candélabres Louis XVI en bronze doré à trois bras de lumières formés par des volutes s'accrochant à des bustes de faunes reliés par des guirlandes de fleurs, leurs pieds fourchus posent sur une embase guillochée et ciselée de guirlandes de roses et d'écoinçons.

28 — Pendule Louis XVI en bronze doré formée d'une femme debout appuyée sur un vase flammé; à ses pieds, reposent des livres et des attributs; le cadran est ové et cannelé avec mascaron sur le côté, l'embase à corde à puit et chicorées, repose sur un contre-socle en bronze peint en vert malachite.

29 — Paire de candélabres de style Régence en bronze doré, à chacun sept bras de lumières, ornés de têtes de moutons, le fût cannelé à mascarons repose sur une

base formée par trois femmes-sphynx au repos et séparées par des lambrequins.

30 — Pendule Empire carrée en bronze ciselé et doré au mercure, portant un vase ajouré.

31 — Paire de flambeaux d'époque Louis XIV en bronze argenté, ciselés de mascarons, de coquilles, bandes d'oves et gravés de lambrequins.

32 — Deux têtes de chenêts Louis XVI en cuivre poli et ciselé, les bases cannelées et à guirlandes supportent un vase de forme ovoïde à anses, terminé par une pomme de pin.

33 — Paire de flambeaux Louis XVI en bronze doré et ciselé, à canaux et feuillages, fondus en coquille.

34 — Paire de vases en marbre gris, de forme ovoïde, montés en bronze doré, anses en volutes. Epoque Louis XVI.

35 — Paire de flambeaux en bronze doré. Style rocaille.

36 — Statuette en bronze patiné représentant Hercule debout appuyé sur sa massue. Bronze italien d'après l'antique, XVII^e siècle.

37 — Statuette de Silène en bronze patiné, debout et appuyé à un tronc d'arbre, il tient Bacchus enfant dans ses bras. Bronze italien du XVII^e siècle.

38 — Cartel Louis XVI en bronze doré à coquille surmontée d'un vase flammé.

39 — Seize pièces en bronze, cadran d'horloge Louis XIV, appliques et boucles de cordons de sonnettes en bronze doré de l'Empire.

40 — Trois poids de marc.

## ARGENTERIE

41 — Grande soupière sur plateau à anses ciselées de feuilles de chêne ; à rais de cœur, le couvercle terminé par un bouton cannelé. Vieux Paris fin Louis XVI.

42 — Sucrier à couvercle, de la Restauration.

43 — Bassin oblong et deux dessous de carafe en métal argenté.

## PORCELAINES

44 — Six assiettes en ancienne pâte tendre de Sèvres surdécorées de bouquets de fleurs, marlis gros bleu fleuri.

45 — Assiette en ancienne faïence de

Rouen, à corbeille centrale, marli à lambrequins.

46 — Petit plat en pâte tendre d'Arras à fleurettes bleues, au revers monogramme de Delemer $^{A\ R}_{\ L}$ en bleu.

47 — Encrier en vieux Rouen à fleurs.

48 — Deux cerfs au repos sous des buissons feuillagés, ancienne porcelaine d'Allemagne.

49 — Statuette d'ouvrier ambulant portant une hotte garnie de soufflets, ancienne porcelaine de Saxe.

50 — Canard au repos en ancienne porcelaine de Berlin.

51 — Deux pots en porcelaine du Japon.

52 — Trois grands cornets en ancienne porcelaine de Chine, décorés en beu de scènes de la vie chinoise.

53 — Grand vase sur piédouche en Rouen primitif, décor bleu, mascarons sur les côtés.

54 — Coupe à couvercle en vieil Imari, décor rouge et or.

55 — Assiette en Wedgwood, fond bleu, marli à feuilles d'acanthes.

56 — Sabot en vieux Nevers.

57 — Lion en vieux Nevers.

58 — Vache en vieux Saxe.

59 — Tasse et soucoupe en porcelaine dure de Sèvres, décorées d'amours.

60 — Pot à lait en ancienne porcelaine de Paris.

61 — Tasse et sa soucoupe en ancienne pâte tendre de Sèvres, décorées de médaillons et de roses, par Mme Brunel.

62 — Pot à lait et son couvercle en an-

cienne pâte dure de Berlin, cannelé et décoré de cornes d'abondance remplies de fleurs.

63 — Petit pot à poudre en ancienne pâte tendre de Saint-Cloud, décor bleu, garni d'argent.

64 — Tasse à café en ancienne pâte tendre de Sèvres, décorée de deux plate-bandes en bleu et or, l'entre-deux est semé de petites bandes rectangulaires en or sur blanc.

65 — Tasse à café en ancienne pâte tendre de Sèvres décorée de fleurs.

66 — Petite écuelle en vieux Strasbourg décorée d'oiseaux, de personnages et de feuillages, les anses et le bouton du couvercle sont faits de branchages.

67 — Cuiller à poudrer en vieux Strasbourg.

68 — Tasse en vieux Chine, famille rose.

69 — Statuette de bergère galante en ancien biscuit de Sèvres, cette pièce est marquée au cachet sous le piédestal et en creux d'un compas ouvert.

70 — Tasse à thé et sa soucoupe en Saxe Marcolini.

71 — Service à thé composé de six tasses et leurs soucoupes, une théière, un pot-à-lait et un sucrier, en porcelaine de Sèvres doré, d'époque Ier Empire; décoré en réserve sur fond vert camélia, d'oiseaux, fleurs, fruits et attributs divers — le décor de chaque pièce est différent, — l'intérieur des tasses est doré.

72 — Statuette de berger galant jouant du hautbois, en ancienne porcelaine de Saxe.

73 — Statuette de bergère tenant un panier rempli de fleurs, — ancienne porcelaine dure d'Allemagne.

74 — Saucière en vieux Delft rouge et or, décor de Pynacker.

75 — Tasse à café en vieux Saxe, fond gros bleu, décor doré.

76 — Soucoupe en vieux Vienne.

77 — Potiche à couvercle en vieux Chine.

78 — Pot-à-lait à goulot, en ancienne faience de Nevers. Décor chinois.

79 — Pot genre vannerie, ancienne faience Italienne.

80 — Plat rond, fond bleu truité à motifs réservés. Vieux Chine.

81 — Coupe sur piédouche en ancienne faience espagnole, au centre, un buste de femme cerclé, d'une tore de lauriers; feuillages et volutes en réserves sur fond jaune d'ocre.

82 — Vingt pièces, plats et assiettes en Moustier, Nevers, Chine. Ce lot sera divisé.

## OBJETS DE VITRINE

83 — Un drageoir et un cachet en cristal.

84 — Deux verres à parties dorées.

85 — Verre à pied en vieux Venise.

86 — Trois clefs. Gothique, Renaissance et Louis XV.

87 — Lorgnette Louis XVI.

88 — Boite en écaille blonde galonnée et montée d'un fixé.

89 — Boîte en écaille blonde, piquée d'or.

90 — Petite trousse garnie en écaille.

91 — Bague or et argent Louis XVI, montée d'une miniature de femme.

92 — Bague en or, du temps de Louis XV, montée de rubis et d'émeraudes.

93 — Bague or et argent Louis XV, montée d'une agathe herborisée cerclée de roses.

94 — Cachet à musique en or, de la Restauration.

95 — Cachet en or, monté d'une boussole et d'une intaille.

96 — Miniature, portrait de jeune femme en costume du temps de Louis XVI, sur fond bleu. Signé J.-A. 1782. Ecrin en cuir.

97 — Couteau de table, manche en pâte tendre de Chantilly.

98 — Couteau Louis XVI, manche nacre, lame virolle en argent doré, et un petit couteau manche en cornaline.

99 — Paire de beaux pistolets d'époque Louis XV, à canon et batterie ciselés et damasquinés d'or; la crosse, la garde et la contre-plaque de batterie sont en ar-

gent ciselé. Les deux pièces sont signées G. DEVILLIERS, sous le bassinet.

100 — Etui en vernis noir, viroles et bouts en or gravé.

101 — Cartouchière en argent gravé. Epoque Louis XIV.

102 — Six pièces, boucles et œuf en argent.

103 — Douze monnaies et médailles diverses.

## BOIS SCULPTÉS; CADRES

104 — Edicule en forme de portique, en ébène et buis, à colonnettes et vases, contenant un panneau en buis finement sculpté d'une allégorie champêtre à personnages.

105 — Grand cadre à portrait en bois sculpté et redoré d'époque Louis XIV.

106 — Grande glace biseautée de forme ovale cadre doré.

107 — Cadre rectangulaire bois sculpté et doré, d'époque Louis XIV.

108 — Grande glace à fronton et à encadrement orné en or sur fond rouge de scènes chinoises, d'après PILLEMENT.

109 — Glace rectangulaire à pans coupés, dans un cadre à fronton en bronze doré.

## TABLEAUX, GRAVURES

### GOUACHES

110 — Portrait d'un seigneur du temps de Louis XIV dans un cadre de même époque en bois sculpté et doré.

ECOLE DE BERGHEM

111 — *Vaches, moutons, chèvres au repos.*

ECOLE FRANÇAISE DU XVIIIe SIÈCLE

112 — Panneau représentant l'enlèvement d'Europe.

113 — Peinture sur panneau : Clair de lune.

ECOLE DE GREUZE

114 — *Tête de jeune fille.*

ECOLE FRANÇAISE

115 — *Deux amours.*

Cadre Louis XIV, bois sculpté.

ÉCOLE FRANÇAISE DU XVIIIe SIÈCLE

116 — *La course au plaisir.*

Deux jeunes gens se précipitent et tendent leurs lèvres à la coupe que leur offre l'amour.

ÉCOLE FRANÇAISE DU XVIIIe SIÈCLE

117 — *Portrait de jeune fille.*

118 — *Deux portraits d'hommes du temps de Louis XV.*

119 — *L'Elève intéressante*, d'après FRAGONARD.

120 — *Paysan et paysanne de Sarebourg.*

Dessin à la mine de plomb de A. QUERVILLEZ.

121 — Quatre lithographies en couleur, à fonds dorés : *Allégories*, d'après RAPHAEL.

122 — Deux dessins gouachés : Scènes galantes d'époque Empire.

123 — Dessin de MARCHAND à la mine de plomb : Vue de Ménilmontant, joli cadre style Louis XVI en bois noir.

124 — *Le Désir de plaire.*

Gravure d'après PATER.

HUBERT-ROBERT (École de)

125 — Importante gouache représentant des ruines au milieu de campagnes romaines ; au pied d'un riche portique deux jeunes femmes lavent du linge ; une autre vient de puiser de l'eau.

126 — Deux grandes gravures de Ph. Le Bas, d'après Téniers, représentant la troisième et la quatrième fête flamande.

127 — Coffre-fort de Fichet.

128 — Suspension en cuivre poli.

## OBJETS

### APPARTENANT A DIVERS

129 — Pendule en bronze patiné — décorée d'appliques en bronze doré au mercure, surmontée d'un coq debout. Restauration.

130 — Pendule religieuse en marqueterie de Boule, étain et cuivre sur fond d'écaille à cadran doré et applique en bronze; de Gaudron à Paris.

131 — Pendule en marbre blanc, bronze ciselé et doré, à pilastres appliques de sta-

tues de femmes demi nues et drapées, l'entablement orné de deux vases à panaches est terminé par un aigle les ailes déployées, époque Louis XIV.

132 — Garniture de trois potiches à couvercles, en ancienne porcelaine de la Compagnie des Indes décorées de scènes de la vie chinoise, montures modernes en bronze.

133 — Deux coupes en porcelaine d'Imarie montures bronze.

134 — Important bureau cannelé d'époque Louis XVI en acajou, à filets et moulures de cuivre, à cylindre surmonté d'un meuble formant cabinet à casiers séparés par un édicule central à fronton — les portes sont à coulisses — clef à trèfle.

135 — Petite table ronde sur plateau et pied tors, époque Louis XIII.

136 — Table à jeu Louis XVI en acajou, à filets de citronnier et moulures en cuivre poli.

137 — Cadre bénitier en bois sculpté et doré, fronton à têtes d'anges dans une gloire; avec un Christ en ivoire applique sur fond de velours. Epoque Louis XIV.

138 — Pendule Louis XVI en marbre blanc portant sur un contre socle à bornes en bronze doré reliées par des chaines. Le fut est carré à galerie ajourée, et orné de couronnes de chênes d'un masque de lion, bandes laurées, rangs de perles, et surmonté d'un groupe allégorique, Persée délivrant Andromède. En bronze doré.

139 — Deux embrasses en broderie et trois morceaux.

140 — Deux cache-pot en vieux Strasbourg.

## TABLEAUX, GRAVURES

141 — Peinture représentant la Ville de Naples, animés de nombreux personnages en costumes de la Restauration.

142 — Hon de Coeter (attribué à) Volatiles.

143 — Trois gravures relatives à l'*Histoire d'Esther*, par BEAUVARLET d'après DE TROY.

144 — Deux gravures *Le matin*, *Le soir* par CATHELIN d'après JOSEPH VERNET.

145 — *Le triomphe de Minette* par VIDAL, d'après M^lle^ GERARD.

146 — Trois gravures diverses.

### ECOLE ITALIENNE

147 — Aquarelle rehaussée de gouache. *L'adoration des Bergers.*

148 — Deux aquarelles. *Ruines Romaines animées de personnages et d'animaux.* Genre de HUBERT ROBERT.

149 — Sous ce numéro, objets non catalogués.

www.ingramcontent.com/pod-product-compliance
Ingram Content Group UK Ltd.
Pitfield, Milton Keynes, MK11 3LW, UK
UKHW020514180726
13839UKWH00005B/2071